글 **이은희**

연세대학교 생물학과와 같은 대학 대학원 신경생리학과를 졸업하고 고려대학교에서 과학언론학 박사 과정을 수료했습니다. 지금은 과학 책방 [갈다]의 이사이자, '하리하라'라는 필명으로 과학 커뮤니케이터로 일하고 있습니다. 쓴 책으로는 『하리하라의 생물학 카페』, 『하리하라의 청소년을 위한 의학 이야기』, 『하리하라의 바이오사이언스』 등이 있습니다. 제21회 한국과학기술도서상 저술 부문을 수상했습니다.

그림 **나인완**

귀여운 꿀꿀돼지, '호로로'를 그리는 일러스트레이터입니다. 다양한 애니메이션과 만화, 일러스트, 이모티콘 작업을 하면서 종종 크고 작은 전시회도 열고, 귀여운 굿즈도 만들고 있습니다. 쓰거나 그린 책으로는 『꿀꿀돼지 호로로』, 『호로로의 숨은그림찾기 세계 여행』, 『한 컷 초등 사회 사전』 등이 있습니다.

기획 자문 **김대식**

독일 막스플랑크 뇌 연구소에서 석박사 학위를 받은 뒤 미국 매사추세츠공과대학(MIT)에서 박사 후 과정을 보냈습니다. 지금은 한국과학기술원(KAIST) 전기 및 전자공학부 교수로 일하고 있습니다. 쓴 책으로는 『메타버스 사피엔스』, 『당신의 뇌, 미래의 뇌』, 『그들은 어떻게 세상의 중심이 되었는가』, 『인간을 읽어 내는 과학』 등이 있습니다.

『생각의 탄생 시리즈』 **생각의 탄생**은 여기저기 흩어져 있는 문명 탄생의 순간들을 주제별로 한데 모아 인류가 어떤 생각들을 떠올리며 발전해 왔는지를 재미있고 알기 쉽게 들려주는 어린이 교양 백과입니다.

『진화와 유전』

인류는 생물이 진화한다는 사실을 언제부터 알게 되었을까요? 이 책은 인류가 진화를 연구하고, 그 원리를 과학적으로 증명하기 위해 노력한 과정을 담고 있습니다. 다윈의 진화론 이후 여러 시행착오를 거쳐 지금에 이르게 된 이야기를 따라가 보면, 다양한 생물과 함께 살아가기 위해 인류가 해야 할 일은 무엇인지 알 수 있을 거예요.

생각의 탄생
❻ 진화와 유전

생각이 번쩍, 미래가 반짝!

글 이은희 그림 나인완
기획 자문 김대식(KAIST 교수)

〈생각의 탄생〉을 시작하며…

인간의 뇌는 태어난 후 약 12년 동안 여러 경험을 거치는 '결정적 시기'를 통해 세상을 파악하고 성장해 갑니다. 이 시기의 아이들은 어느 한쪽에 치우치지 않고 다양한 세상을 접할수록 폭넓은 사고를 갖춘 사람으로 자랄 수 있습니다. 〈생각의 탄생〉은 그런 목적으로 기획되었습니다.

아이들의 뇌 성장을 자극하는 주제

한창 자라는 뇌의 신경 세포들은 다양한 자극을 통해 성장합니다. 〈생각의 탄생〉은 아이들의 뇌 발달에 도움이 되는 다양한 문명 관련 주제를 오랜 검토와 고민 끝에 하나하나 정했습니다. 또 하나의 주제 안에서 역사, 문화, 과학, 예술 등 여러 분야의 지식을 융합하여 다양한 자극이 전해지도록 고려했습니다.

인류의 발자취를 따라가며 배우는 생각의 힘

세상의 지식은 서로 연결되어 있습니다. 또 연결된 지식에는 역사가 있습니다. 〈생각의 탄생〉은 연결된 지식의 역사 속에서 누가, 언제, 어떻게 세상에 없던 생각을 떠올렸는지 그 과정을 생생하게 따라갑니다. 아이들은 인류의 생각을 들여다보며 더 나은 미래를 펼칠 상상력을 키울 수 있습니다.

> ❝ 자, 그럼 〈생각의 탄생〉과 함께 문명 탄생의 순간들을 찾아 즐거운 생각 여행을 떠나 볼까요? ❞

6번째 지식 여행 〈진화와 유전〉

지구 환경과 다양성의 비밀, 진화

어떤 사람은 키가 크지만 어떤 사람은 키가 작습니다. 또 어떤 사람은 머리카락이 검은색이지만 어떤 사람은 갈색이나 빨간색입니다. 성격도 사람마다 다릅니다. 어떤 사람은 소극적이고 내성적이지만 어떤 사람은 적극적이고 외향적입니다. 사실 사람과 사람 사이의 차이는 다른 동물과 비교해 보면 아무것도 아닙니다. 우리는 날개가 없지만 새는 날개로 날 수 있고, 우리는 물속에서 숨을 쉴 수 없지만 물고기는 물속에서만 살 수 있는 것처럼 말입니다. 과학자들은 이렇게 생물들이 저마다 다른 모습을 가지고 있는 이유가 '진화' 때문이라고 말합니다.

지구에 다양한 생물이 존재하는 까닭은?

생물은 환경에 적응하며 살아갑니다. 생물이 환경에 적응하려는 이유는 간단합니다. 바로 더 많은 자손을 낳기 위해서입니다. 19세기 영국의 과학자 다윈은 모든 생물이 같은 조상으로

부터 시작되었지만 환경에 적응하며 다양한 모습으로 진화했다고 주장했습니다. 정말 획기적이고 신기한 생각이었습니다. 하지만 당시에는 대부분의 사람들이 다윈의 진화론을 믿지 못했습니다.

그 뒤 수많은 과학적 증거를 바탕으로 진화가 실제로 이루어지고 있다는 사실을 알게 되었지만 해결하지 못한 문제가 남아 있었습니다. 바로 환경에 적응하는 것은 개인의 몫인데, 어떻게 그 특성까지 다음 세대로 전달되는지에 대한 것이었지요. 20세기 중반에 이르러 과학자들은 '유전자'의 화학적 구조를 밝혀내는 데 성공합니다. 생물의 형태나 능력과 같은 특성은 유전자를 통해 정해지고 전달될 수 있지요. 그런데 유전자는 매우 특별한 특징을 하나 가지고 있습니다. 한 세대에서 다음 세대로 전달될 때마다 부모의 유전자가 새롭게 조합되고, 우연의 결과로도 유전자에 '변이'가 생긴다는 점입니다. 이 변이가 환경에 적응할 확률이 높아진다면 다다음 세대는 이렇게 변한 새로운 유전자를 가질 확률이 또 늘어납니다.

환경에 적응한 생물은 살아남고, 그렇게 살아남은 생물은 더 많은 자손들에게 본인의 유전자를 남겨 왔습니다. 결국 이런 일이 수백만 년, 수천만 년, 수억 년 되풀이되면서 지구상에는 인간, 원숭이, 고양이, 고래, 모기, 파리 같은 다양한 생물들이 등장할 수 있게 된 것입니다.

진화와 지구 환경은 어떤 관계가 있을까?

'진화'는 정말 신기하고 대단하지 않은가요? 그렇다면 이제 우리는 정말 중요한 질문을 해야 합니다. 진화가 생물이 환경에 적응하면서 진행되는 과정이라면, 인간에 의해 너무나도 급속하게 바뀌고 있는 지구 환경은 진화에 큰 영향을 줄 수밖에 없습니다. 생각의 탄생 여섯 번째 권인 〈진화와 유전〉을 통해 여러분도 '환경 보호'와 '기후 변화'에 왜 많은 관심을 가져야 하는지 생각을 해 보았으면 합니다.

김대식, KAIST 전기 및 전자공학부 교수

차례

〈생각의 탄생〉을 시작하며 4

1 너무나도 다양한 생물 12

- 생물은 어떻게 생겨났을까?
- 생물의 다양함을 알게 되다
- 미생물을 발견했다고?
- 생각 발견 린네, 이명법을 만들다
- 생물을 체계적으로 분류하기 시작했다고?
- 생물이 하나에서 갈라졌다고?

2 진화론의 시작 28

- 최초로 진화를 과학적으로 설명했다고?
- 생각 발견 다윈, 진화의 비밀을 풀다
- 자연 선택이 뭐야?
- 『종의 기원』을 발표하다

3 유전 물질의 발견 42

- 변이의 원리를 고민하다
- 멘델, 유전 물질의 실마리를 찾다
- 유전 물질의 정체를 밝혀냈다고?
- DNA가 뭐야?
- DNA의 비밀을 풀다
- 실수가 중요해?

4 계속되는 진화 이야기 64

- 자손을 남기기 위해 화려해졌다고?
- 서로 영향을 주고받으며 진화한다고?
- 진화의 속도가 저마다 다르다고?

5 진화는 언제까지 일어날까? 74

- 진화는 멈추지 않는다고?
- 가지가 계속 갈라지는 '생명의 나무'
- 모든 생물은 이어져 있다고?

인류가 찾아낸 생물 진화의 비밀 84

궁금증 상담소 88

손바닥 교과 풀이 90

생물은 어떻게 생겨났을까?

지금 지구에는 약 175만 종의 생물이 살고 있대. 아직 발견되지 않은 생물들도 많으니까, 실제로는 적어도 300만 종이 넘을 수도 있어. 정말 어마어마하지.

그런데 이렇게 다양한 생물들은 어떻게 생겨났을까? 아주 먼 옛날 고대 그리스 사람들은 대지의 여신 가이아의 몸에서 모든 생물이 태어났다고 믿었어. 또 어떤 사람들은 생물은 세상이 만들어졌을 때 저절로 생겨났다고 믿기도 했지.

사실 옛날에는 생물이 어떻게 생겨났는지 알 수 있는 방법이 없었어. 그러니 상상을 해 볼 수밖에 없었지. 게다가 사람들이 알고 있는 생물도 그리 많지 않았어. 주변에서 볼 수 있는 생물이 전부였지.

사람들이 세상에 셀 수 없을 정도로 많은 생물이 있다는 것을 알게 된 것은 꽤 오랜 시간이 지난 뒤였어.

생물의 다양함을 알게 되다

사람들이 큰 배를 만들어 먼 곳까지 여행을 다니게 되면서 많은 것이 달라졌어. 자신들이 알고 있던 것보다 훨씬 더 많은 생물이 있다는 것을 알게 된 거야. 또 아주아주 오래전에는 지금은 없는 생물이 살았었다는 것도 알게 되었지. 지진이나 산사태로 땅속의 지층이 드러나면서 주변에 있는 그 어떤 생물과도 닮지 않은 오래된 뼈

나 화석들이 발견되곤 했거든.

그러자 색다른 동물과 식물, 진귀한 화석을 수집해서 남들에게 자랑하려는 사람도 생겼어. 그런 사람들은 동물원과 식물원을 만들어서 그것들을 한자리에 모아 놓고 사람들에게 뽐냈지.

하지만 이때까지도 사람들은 우리 눈에 보이지 않을 정도로 작은 생물이 있다는 것은 알지 못했어. 레이우엔훅이 나타나기 전까지는 말이야.

미생물을 발견했다고?

17세기 무렵, 네덜란드에 살던 레이우엔훅은 돋보기를 이용해서 현미경을 만들었어. 레이우엔훅은 자신이 만든 현미경으로 물 한 방울을 관찰하고는 깜짝 놀랐어. 맨눈으로는 투명하게만 보였던 물방울 속에 작은 생물들이 살아 움직이고 있었거든. 바로 '미생물'이었지. 레이우엔훅의 뒤를 이은 과학자들은 수없이 많은 미생물을

발견했어. 세균이나 곰팡이, 효모 같은 미생물은 숫자를 헤아릴 수 없이 많았어. 또 매우 빠른 속도로 늘어날 뿐만 아니라 지구 곳곳에 퍼져 있었지.

과학자들은 새로 발견되는 엄청난 수의 생물을 어떻게 분류해야 할지 큰 고민에 빠졌어. 이 문제를 해결한 사람이 바로 린네야. 린네는 학자들이 생물을 체계적으로 연구할 수 있도록 하나의 이름을 붙이고, 특징이 비슷한 생물끼리 묶어서 분류하는 방법을 만들었지.

 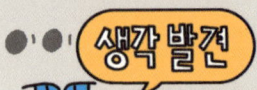

린네, 이명법을 만들다

린네는 우선, 잎이나 꽃받침의 생김새가 비슷한 것끼리 묶어 보았어.

이렇게 하면 분류하기가 쉬울 거야.

그리고 특징이 비슷한 것을 묶어 '종'이라고 하고, 그보다 더 큰 집단을 '속'이라고 하기로 했어.

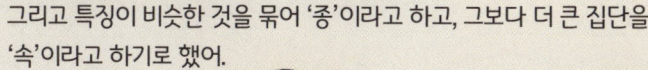

1735년, 린네는 자신의 연구를 바탕으로 생물의 학명을 짓는 규칙을 정리해 발표했어. 이 규칙을 '이명법'이라고 해.

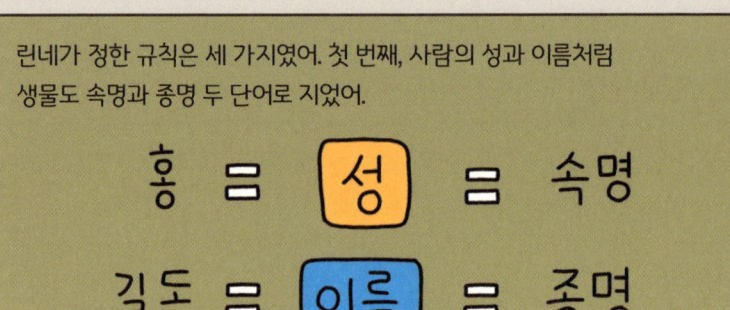

린네는 제자들을 멀리 보내 더 많은 생물을 채집해 오도록 했어. 그리고 함께 생물을 분류하고 학명을 지었어.

지금도 린네의 이명법에 따라 새로 발견되는 생물의 학명을 짓고 있어.

이명법으로 사람은 '호모 사피엔스'라고 불러. 우리말로 '슬기로운 사람'이라는 뜻이지.

생물을 체계적으로 분류하기 시작했다고?

 린네는 학명을 짓다가 어떤 생물들끼리는 다른 생물들보다 더 비슷한 특성을 가지고 있다는 것을 깨닫게 되었어. 그 생물들을 '종'으로 묶었지.

 지금은 암컷과 수컷이 짝짓기를 해서 대를 이어 나갈 수 있으면 같은 '종'으로 분류해. 그런데 당나귀와 말은 짝짓기를 하면 노새라는 자손을 낳을 수는 있지만, 노새는 새끼를 낳을 수가 없기 때문에 둘은 같은 종이 아니야. 하지만 당나귀와 말은 둘 다 초식 동물이며, 발굽이 하나이고, 이빨의 구조가 비슷하기 때문에 종보다 큰 모둠인 '속'을 기준으로 보면, 똑같이 '말속'으로 분류할 수 있어.

 또 고양이와 사자는 다른 '속'이야. 하지만 동물을 잡아먹는 육식 동물이고, 발톱을 숨길 수 있고, 밤에 사냥하는 데다 눈의 구조나 체온을 조절하는 방법이 비슷해. 그래서 이런 공통되는 특성을 가진 동물 속을 모으면 '고양잇과'라는 더 큰 모둠을 만들 수 있어.

이런 식으로 각각의 생물들은 비슷한 특성에 따라 7단계로 분류할 수 있었어. 계가 가장 큰 모둠이고 종이 가장 작은 모둠이지. 지금은 계보다 더 큰 집단인 '역'이 더해져 8단계로 분류하고 있어.

생물이 하나에서 갈라졌다고?

지구에 있는 생물들을 분류하다 보면 몇 가지 공통점을 찾을 수 있어. 예를 들면 사람과 고양이는 전혀 다르게 생겼지만, 새끼를 낳아 젖을 먹여 키운다는 공통점이 있어. 이런 동물을 '포유류'라고 해. 또 새끼를 낳는 포유류와 알을 낳는 어류는 서로 다른 점이 많지만 등뼈가 있다는 공통점이 있어서 모두 '척추동물'이야.

척추동물은 몸속에 단단한 뼈가 있고, 곤충은 뼈 대신 겉에 딱딱한 외골격이 있어서 서로 달라. 하지만 척추동물과 곤충은 움직인다는 공통점이 있어서 '동물'로 묶을 수 있지.

이렇게 생물의 공통점을 중심으로 더 큰 범위로 넓혀 가다 보면 결국 '생물'이라는 하나의 거대한 집단으로 묶을 수 있어. 생물을 하나로 묶을 수 있다는 건, 어찌 보면 모든 생물이 하나의 생명체에서 시작되었다는 얘기일 수 있어. 이처럼 원래 하나의 생물에서 다양한 생물로 갈라지는 현상을 바로 '진화'라고 해.

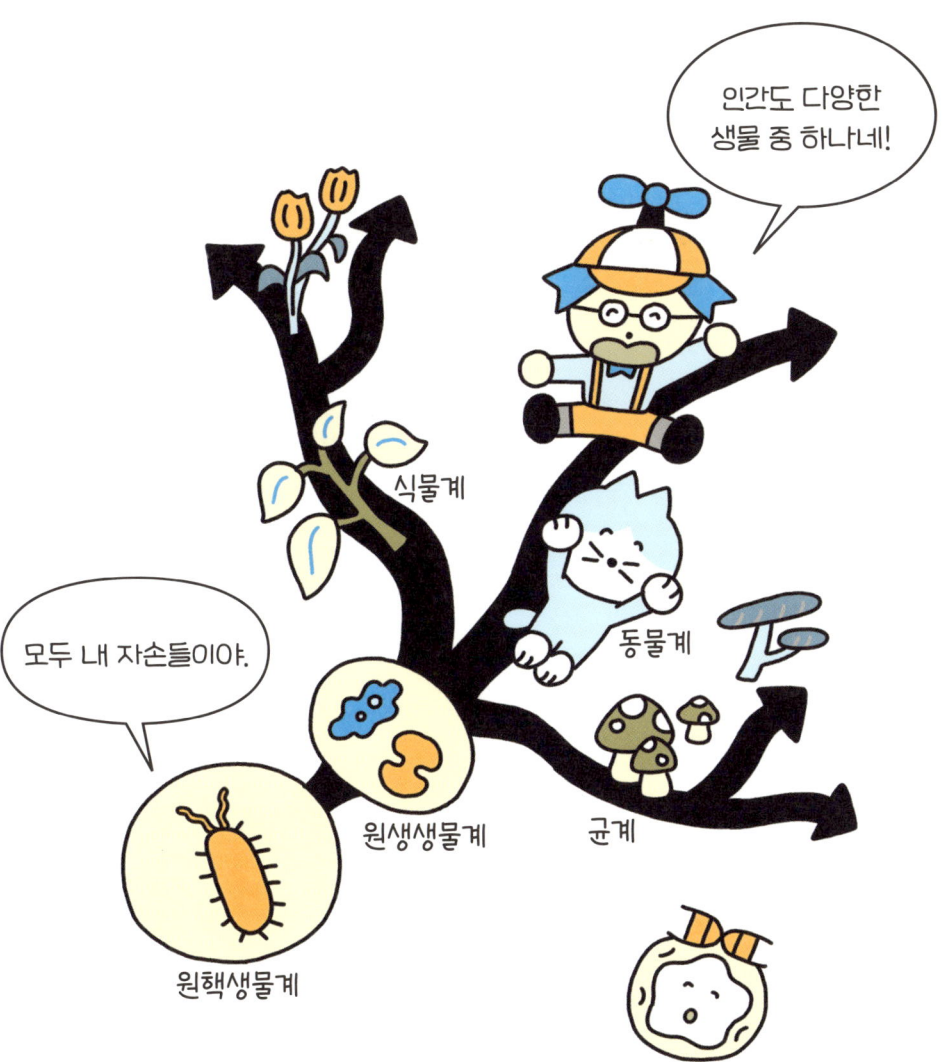

최초로 진화를 과학적으로 설명했다고?

생물의 진화 원리를 처음 과학적으로 설명하려고 한 사람은 프랑스의 생물학자 라마르크야. 라마르크가 생각한 진화 방법을 '용불용설'이라고 해. '사용하는 기관은 더 발달하고, 사용하지 않는 기관은 사라진다.'라는 뜻이야. 기린의 목이 길쭉한 건 더 높은 곳에 있는 나뭇잎을 먹으려고 목을 항상 길게 늘였기 때문이고, 멕시코 동굴 속에 사는 장님동굴물고기의 눈이 사라진 건 동굴이 너무 깜깜해 눈을 쓸 일이 없었기 때문이라는 거지.

하지만 생물이 환경에 영향을 받아 얻게 된 특징은 자손에게 대물림되지 않아. 예를 들면 운동을 많이 해서 온몸이 근육으로 울룩불룩한 사람의 자식이라고 해서, 태어날 때부터 몸이 울룩불

룩하지는 않잖아. 그러니 진화의 원리를 설명하기에는 좀 부족하지.

 비록 라마르크의 진화론은 틀렸지만, 그는 생물이 진화한다는 것을 과학적으로 증명하고자 했어. 이런 라마르크의 노력 덕분에 다윈의 진화론이 등장할 수 있었지.

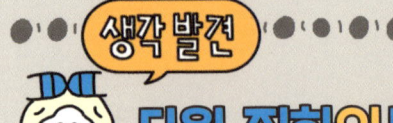# 다윈, 진화의 비밀을 풀다

다윈은 어릴 때부터 자연을 관찰하는 데 아주 관심이 많았어.

공부는 안 하니?

개구리 보는 게 더 재미있어요.

대학에서는 의학과 신학을 공부했지만, 자연에 대한 관심은 사라지지 않았지.

나는 의사가 될 생각이 없는데….

그러던 어느 날, 선생님이 다윈을 불렀어.

자네, 남아메리카에 갈 생각 있나?

네, 좋습니다.

1831년, 다윈은 군함인 '비글호'를 타고 남아메리카로 떠났어.

새로운 동물을 많이 볼 수 있겠군.

섬마다 핀치가 먹을 수 있는 먹이의 종류가 모두 달랐거든.

딱딱한 먹이를 먹으려면 부리가 크고 튼튼해야 해.

작은 풀씨를 먹으려면 부리가 짧고 뾰족해야 해.

좁은 틈에 있는 벌레를 먹으려면 부리가 길고 가늘어야 해.

다윈은 핀치의 부리가 달라진 이유가 각 섬의 환경에 적응한 생물이 살아남아 자손을 퍼뜨렸기 때문이라고 결론을 내렸어.

처음에는 차이가 작았지만 시간이 지나면서 점점 뚜렷해진 거야!

다윈은 갈라파고스 제도의 핀치처럼 환경에 적응한 생물만 살아남는 일을 '자연 선택'이라고 불렀어.

자연 선택이 뭐야?

　자연 선택이란, 어떤 생물이 살아남을지 자연이 선택해서 결정한다는 뜻이야. 자연에는 숨바꼭질을 잘하는 생물이 많아. 나무껍질에 숨어 사는 나방처럼 말이야.

　처음에 이 나방들의 날개 색과 무늬는 다양했을 거야. 날개 색과 무늬가 나무껍질과 비슷한 것도, 다른 것도 있었겠지. 그런데 이 나방들이 같은 나무껍질 위에 앉아 있으면 날개 색과 무늬가 다를수록 눈에 잘 띄어서 천적에게 잡아먹힐 가능성이 높아져. 그렇게 시간이 지나면 나무껍질과 색과 무늬가 비슷한 나방들이 더 많이 살아남아 알을 낳을 거야. 또 태어난 자손 중에서도 날개 색과 무늬가 나무껍질과 더 비슷할수록 잘 살아남아 대를 이어 갔겠지.

이런 일이 아주 오랫동안 되풀이되면 나무 껍질에 붙어 있어도 알아보기 힘든 나방들만 남게 되는 거야. 이처럼 자연 선택은 작은 차이가 주변 환경에 따라 아주 오랜 시간에 걸쳐 차곡차곡 쌓여서 일어나는 진화 과정이야.

『종의 기원』을 발표하다

 1859년, 마침내 다윈은 진화의 과학적 원리를 담은 『종의 기원』을 펴냈어. 처음 '자연 선택'이라는 진화 원리를 발견하고도 수십 년이 지난 뒤였지.
 이 책을 읽은 사람들은 큰 충격에 빠졌어. 당시 대부분의 사람들이 생물은 절대 변하지 않으며, 그중에서도 인간은 신의 모습을 본떠 만들어진 가장 귀한 존재라고 생각했거든. 그러니 생물이 자연환경에 따라 저절로 변하고, 인간이 다른 생물에 비해 더 귀한 존재가 아니라는 다윈의 주장을 믿을 수 없었던 거지. 그래서 어떤 사람은 원숭이의 몸에 다윈의 얼굴을 붙인 그림을 그려서 다윈을 우스꽝스럽게 만들기도 했고, 어떤 사람은 과학 토론회에서 "만약 진화론이 맞다면 원숭이는 당신 할아버지 쪽 조상이요, 아니면 할머니 쪽 조상이요?"라면서 다윈을 조롱하기도 했어. 이처럼 다윈의 진화론은 당시에는 쉽게 받아들여지지 못했어.

3. 유전 물질의 발견

변이의 원리를 고민하다

 다윈의 진화론은 생물의 생김새가 변하는 이유에 대한 궁금증을 해결해 주었어. 하지만 당시의 과학으로는 그 사실을 증명해 보이기가 어려웠어.

 물론 오래전부터 사람들은 생물의 특성이 유전된다는 사실을 알고 있었어. 자식이 부모를 닮는 것은 아침이 되면 해가 뜨는 것처럼 자연스러운 일이었으니까. 또 사람들은 농사를 짓고, 가축을 기르면서 사람뿐만 아니라 동물과 식물도 부모의 특성이 유전된다는 것을 깨달았어. 그래서 사람들은 많은 열매를 맺은 곡물의 씨앗만을 따로 골라서 심는 방법으로 몇 대 전보다 더 많은 열매를 맺는 곡물을 길러 낼 수 있었지. 가축도 곡물처럼 사람의 필요성에 맞게 길

러 낼 수 있었어. 그렇게 해서 젖이 더 많이 나오는 젖소, 털이 더 긴 양을 기르게 된 거야. 하지만 농부들과 목동들은 이런 일이 어떻게 일어나는지는 전혀 몰랐어.

그런데 사람이나 가축 그리고 곡물이 가진 부모의 특성이 자식에게 유전된다고 해서 자식이 부모와 완전히 똑같은 모습으로 태어나지는 않아. 그뿐만 아니라 같은 부모에게서 태어난 형제자매도 일란성 쌍둥이를 빼고는 키, 몸무게, 얼굴 생김새 등이 다르지. 이것을 '변이'가 생겼다고 해. 변이는 같은 생물 종에서 모양과 성질이 다른 생물이 나타나는 현상이야.

변이는 다윈의 진화론을 과학적으로 증명하는 데도 매우 중요해. 변이가 왜 나타나는지, 그 변이가 어떻게 자손에게 전달되는지를 알아야 생물이 진화한다는 것을 증명할 수 있으니까. 그런데 변이의 원인을 알기 위해서는 부모의 모습과 성질이 자손에게 어떻게 전해지는지 유전의 원리를 먼저 알아야 했어. 유전의 원리를 처음 밝혀낸 사람은 멘델이야.

멘델, 유전 물질의 실마리를 찾다

그랬더니 노랑 완두 3개와 전 세대에서 안 나온 초록 완두 1개가 나왔어.

초록 완두가 나왔다는 건 부모의 특성이 사라지지 않았다는 거네.

멘델은 다른 특성을 가진 완두로도 실험을 해 보았어.

보라색 꽃과 흰색 꽃을 피우는 완두로 실험해 보자.

그 결과는 초록 완두와 노랑 완두로 실험할 때와 똑같았어.

부모의 특성이 섞여서 유전되는 게 아니었어.

멘델은 부모의 특성을 후대에 그대로 전달하는 특별한 물질이 있다는 것을 알아냈어. 하지만 그 물질이 무엇인지는 몰랐어.

유전 물질이 있는 게 분명해!

유전 물질의 정체를 밝혀냈다고?

 멘델이 유전 물질이 있다는 사실을 알아낸 뒤, 과학자들은 세포 안에 유전 물질이 있을 거라고 짐작했어. 하지만 세포는 투명해서 보통 현미경으로는 관찰하기 힘들었지.

 1888년, 독일의 해부학자 플레밍은 투명한 세포가 어떻게 생겼는지 알아보기 위해 세포를 물들여 보았어. 그랬더니 세포 속에서 붉은색으로 염색된 가느다란 실들이 보였어. 그는 이 세포에 '염색되는 물체'라는 뜻으로 '염색체'라는 이름을 붙였지.

 1900년대에 들어, 미국의 생물학자 모건은 초파리를 이용해서

유전을 연구했어. 대부분의 초파리는 눈이 빨간색이지만 아주 가끔 흰색인 돌연변이 초파리가 태어나. 그런데 이 초파리들은 거의 수컷이야. 모건은 눈이 빨간색인 초파리와 흰색인 초파리를 교배하면, 멘델의 법칙에 따라 유전이 된다는 것을 알아냈어. 또 흰색 눈을 만드는 물질이 염색체 속에 있다는 사실을 밝혀냈지.

유전 물질의 정체는 폐렴균을 연구하다가 발견됐어. 1920년대 영국의 세균학자 그리피스는 폐렴균에는 독한 것과 순한 것이 있는데, 이 두 폐렴균을 섞으면 순한 폐렴균도 독한 폐렴균으로 바뀐다는 사실을 찾아냈어.

그 뒤를 이어 미국의 세균학자 에이버리는 독한 폐렴균에 있는 여러 물질을 뽑아내서 한 가지씩 순한 폐렴균 안에 넣어 보았어. 어떤 물질이 폐렴균의 성질을 바뀌게 하는지 살펴보기 위해서였지. 그러던 중 DNA를 뽑아내서 순한 폐렴균에 넣어 주었더니, 순한 폐렴균이 순식간에 독한 폐렴균으로 바뀌었어. 그리고 한번 독한 폐렴균으로 바뀌면 이 성질은 계속 유전된다는 것도 알게 되었어.

이 DNA가 모두 뭉쳐진 것이 바로 염색체야. 하지만 에이버리는 DNA가 어떤 방식으로 다음 세대에 전달되는지는 몰랐어.

초파리야, 고마워!

초파리는 유전 연구에 널리 쓰여.

어디서나 쉽게 구할 수 있고,

좁은 곳에서도 키울 수 있어.

알에서 성충으로 자라는 데도 열흘 정도밖에 걸리지 않고,

알을 한 번에 수백 개나 낳아.

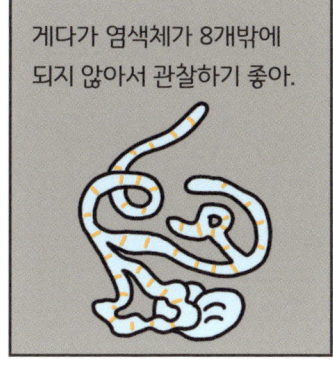
게다가 염색체가 8개밖에 되지 않아서 관찰하기 좋아.

지금도 많은 과학자가 초파리를 이용해 유전 연구를 하고 있어.

DNA가 뭐야?

지구에 있는 모든 생물의 유전 정보는 DNA에 보관되어 있어. 사람뿐만 아니라 동물과 식물, 곰팡이에서 박테리아에 이르기까지 모두 마찬가지야. 다만 각각의 생물 종마다 DNA가 늘어선 순서와 개수가 다를 뿐이야.

하나의 생명체가 만들어지려면 유전 정보가 아주 많이 필요해. 그래서 그 정보를 담고 있는 DNA도 매우 길어. 예를 들면 대장균의 DNA는 약 460만 쌍, 벼는 4300만 쌍, 생쥐는 27억 쌍 정도고, 사람의 DNA는 32억 쌍이나 돼.

DNA의 전체 길이는 1미터가 넘어. 세포 안에 DNA가 들어 있다고 했지? 세포 하나도 현미경으로 들여다봐야 할 정도로 작은데,

이 작은 세포에 저렇게 많은 DNA가 어떻게 들어 있는 걸까? 바로 DNA가 꼭꼭 접혀 있기 때문이야. 놀라운 건 이런 DNA가 잘 부러지거나 끊어지지 않는다는 거야. 도대체 DNA가 어떤 구조로 되어 있길래 이렇게 튼튼한 걸까? 세계 여러 과학자들이 그 비밀을 밝히려고 도전했는데, 처음 그 비밀의 열쇠를 찾은 건 프랭클린이었어.

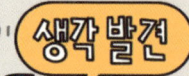 

DNA의 비밀을 풀다

실수가 중요해?

왓슨과 크릭이 DNA의 구조를 밝혀낸 덕분에 사람들은 유전 정보가 어떻게 안전하게 전달되는지 알게 되었어.

그런데 어떻게 조상과 전혀 다른 새로운 종이 탄생하게 되는 걸까? 생물의 유전 정보가 대물림되는 과정은 아주 두꺼운 책에 적힌 내용을 다른 공책에 한 글자씩 손으로 옮겨 적는 것과 같아. 여기서 규칙은 한 사람이 내용을 베끼면, 다음 사람은 처음 책이 아니라 베낀 책을 다시 옮겨 적어야 한다는 거야. 그런데 베껴야 할 내용이 너

무 많다 보니 종종 실수가 일어나기도 해. 이렇게 실수로 유전 정보가 바뀌게 되면 부모와 모습이 조금 다른 자손이 태어나게 돼. 변이가 생긴 거지.

  변이는 한번 일어나면 후대에 계속 전해져. 이런 변이가 수백만 번 혹은 수억 번쯤 쌓이다 보면 조상과 전혀 다른 후손이 태어날 수 있어. 바로 새로운 종이 탄생하는 순간인 거지.

4. 계속되는 진화 이야기

자손을 남기기 위해 화려해졌다고?

다윈의 자연 선택은 수많은 생물이 왜 지금의 모습으로 진화했는지를 설명해 주고 있어. 하지만 모든 생물의 진화 과정을 자연 선택으로 설명할 수는 없어. 대표적인 생물이 공작새야. 다윈에게도 공작새의 꽁지깃은 커다란 고민거리였어. 공작새의 꽁지깃은 너무 화려해서 천적의 눈에도 잘 띄고, 지나치게 무거워서 도망치는 데도 걸리적거려. 대체 공작새는 왜 이렇게 살아남기 힘든 모습으로 진화한 걸까?

꽁지깃이 화려한 공작새는 모두 수컷이야. 그에 비해 암컷은 아주 수수해. 수컷들은 암컷이 나타나면 접고 있던 꽁지깃을 쫙 펼쳐서 자랑해. 꽁지깃이 크고 화려할수록 암컷들이 좋아하기 때문이지.

하나의 생물이 멸종하지 않으려면, 최대한 자손을 많이 남겨야 해. 그래서 수컷 공작새는 암컷 공작새들에게 잘 보이기 위해 불편하고 위험해도 멋진 꽁지깃이 있는 모습으로 진화한 거지. 이런 방식의 진화를 '성 선택'이라고 해. 성 선택은 암컷과 수컷이 짝짓기를 해서 대를 잇는 생물들에게서 많이 나타나.

서로 영향을 주고받으며 진화한다고?

　자연 선택과 성 선택 말고도 생물이 진화하는 다른 방법이 있어. 바로 '공진화'야. 공진화는 서로 다른 생물들이 도움을 주고받으며 살아가는 데 알맞은 모습으로 진화하는 것을 말해. 다윈이 곤충과 식물의 관계를 관찰하고서 설명한 진화 방법이야.

　1860년대, 아프리카의 마다가스카르라는 섬을 탐험하던 사람들이 특이한 난초를 발견했어. 커다란 흰색 꽃을 피우는 난초였는데, 꿀주머니가 유난히 길어서 30센티미터도 넘었어. 이 소식을 들은 다윈은 아마도 이 지역 어딘가에 주둥이가 길게 진화한 곤충이 살고 있을 거라고 예언했어. 그리고 그로부터 40여 년이 지나서 이 난초의 꿀을 빨고 꽃가루를 운반하는 박각시나방이 발견되었어.

꽃과 곤충들뿐만 아니라, 포식자(잡아먹는 동물)와 피식자(먹잇감이 되는 동물이나 식물), 숙주(기생 생물에게 영양분을 공급하는 생물)와 기생 생물(다른 생물에 붙어서 영양을 섭취하는 생물) 등 많은 생물이 서로 도움을 주고받으며 함께 진화하고 있어.

공진화의 가장 대표적인 예는 '지의류'야. 지의류는 곰팡이와 물속에 사는 식물인 조류가 하나로 합쳐져 서로 돕는 공생 생물이야. 주로 나무껍질이나 바위에 붙어서 살고 있어. 곰팡이는 수분을 조류에 공급하고, 조류는 광합성을 해서 만든 양분을 곰팡이에 공급하지. 그래서 지의류는 환경이 매우 나쁜 곳에서도 살아남을 수 있어. 적도, 남극과 북극, 6000미터가 넘는 산, 바닷가, 사막을 비롯해 도시의 콘크리트나 보도블록에서도 살아가지.

이뿐만 아니라 한 생물이 다른 생물의 몸속에서 사는 경우도 있어. 어떤 세균은 곤충의 몸속에서 살아. 우리 몸의 대장 속에도 세균이 살고 있지. 서로가 서로를 돕는다면 혼자보다는 더 살아남기 유리할 테니까 말이야.

우리 몸과 공생하는 대장균

진화의 속도가 저마다 다르다고?

　다윈은 진화가 아주 천천히 일어난다고 생각했어. 실제로 많은 생물이 천천히 진화해. 예를 들어, 5500만 년 전에 살았던 말의 조상은 몸집이 여우만큼 작고 발가락이 있었지만, 점점 몸집이 커지고 발가락이 없어지면서 지금의 모습이 되었어. 이 모든 과정은 화석을 통해 확인할 수 있지.

　그런데 화석을 연구하다 보면 오랫동안 모습이 거의 변하지 않은 생물도 있어. 예를 들면 약 3억 6천만 년 전에 지구에 처음 나타난 실러캔스라는 물고기는 지금도 처음 나타났을 때의 모습과 거의 똑같아. 그래서 사람들은 실러캔스를 '살아 있는 화석'이라고도 불러. 식물 중에는 은행나무의 모습이 거의 바뀌지 않았어.

과학자들은 생물의 화석을 연구하면서 진화의 속도에 대해 연구했어. 그 결과 진화의 속도는 생물마다 다를 수 있고 환경에 따라서도 달라질 수 있다는 것을 알아냈지. 진화는 천천히 일어날 수도 있고, 짧은 기간 동안 빠르게 일어날 수도 있고, 오랜 시간 동안 거의 일어나지 않을 수도 있어.

5. 진화는 언제까지 일어날까?

진화는 멈추지 않는다고?

생물이 살아 있는 동안 진화는 영원히 계속될 거야. DNA가 복제되면서 변이가 생길 수밖에 없고, 그 과정에서 새로운 종은 계속해서 탄생할 테니까. 인류를 예로 들어 볼까? 인류는 지난 수백만 년 동안 끊임없이 진화해 왔어. 그동안 몸집이 커지고, 뇌 용량이 늘어났으며, 몸에서 털이 점차 사라졌지. 어떤 사람들은 인류가 머리와 손가락을 점점 더 많이 쓰게 되기 때문에 앞으로 팔다리는 가늘게,

눈과 머리는 커다랗게, 손가락은 더 길고 섬세하게 진화할 거라고 생각하기도 해.

　인류가 정말로 그렇게 진화할지는 아무도 모르지만, 한 가지는 확실해. 어떤 모습으로든 진화할 것이라는 사실 말이야. 인류도 주변 환경과 서로 영향을 주고받기 때문에 진화 속도가 빠를 수도, 느릴 수도 있어. 분명한 점은 환경에 적응하지 못한 생물은 멸종하고, 멸종하지 않은 생물은 끊임없이 진화를 계속한다는 거야.

가지가 계속 갈라지는 '생명의 나무'

생물이 진화하는 과정을 한 장의 그림으로 그리면 하나의 줄기에서 엄청나게 많은 가지가 뻗어 나온 커다란 나무와 같아. 그래서 다윈은 이것을 '생명의 나무'라고 불렀지.

인류도 이 생명의 나무에서 뻗어 나온 가지 중 하나야. 이 가지들은 계속해서 뻗어 나가다가 또 다른 가지로 갈라질 수도 있고, 더 이상 자라지 못하고 죽을 수도 있어. 어떤 가지가 살아남을지 죽을지, 가지치기를 할지 안 할지는 아무도 몰라. 하지만 중요한 것은 생명의 나무는 지구상에서 모든 생물이 사라지는 그날까지 가지 뻗는 일을 멈추지 않을 거라는 거야.

그렇다면 우리가 해야 할 일은 무엇일까? 아마도 생명의 나무가

오랫동안 가지를 뻗어 나갈 수 있도록 환경을 지키고, 생물을 소중히 돌보는 일일 거야.

모든 생물은 이어져 있다고?

 생물들은 하나의 줄기에서 뻗어 나왔기 때문에 서로 이어져 있어. 그래서 가지 하나를 잘라 내면, 그 가지에서 갈라진 다른 가지들도 같이 죽게 돼. 인도양의 작은 섬, 모리셔스에서 일어난 일을 보면 한 생물의 멸종이 다른 생물에게 어떤 영향을 미치는지 알 수 있어.
 모리셔스는 사람이 살지 않는 섬이었어. 그 섬에는 덩치가 크고 날지 못하는 도도새가 살고 있었지. 도도새는 칼바리아나무의 열매를 먹고 살았는데, 열매를 먹고 몸 밖으로 내보낸 씨앗에서 새로운 싹이 텄지. 그런데 16세기에 유럽 사람들이 모리셔스섬을 찾아와 도도새를 마구 사냥하는 일이 일어났어. 결국 도도새는 멸종해 버렸고, 칼바리아나무는 씨앗을 퍼뜨리기 힘들어졌지. 그래서 한때

칼바리아나무가 13그루까지 줄어들기도 했어. 어때? 한 생물이 다른 생물에게 얼마나 큰 영향을 미치는지 알겠지.

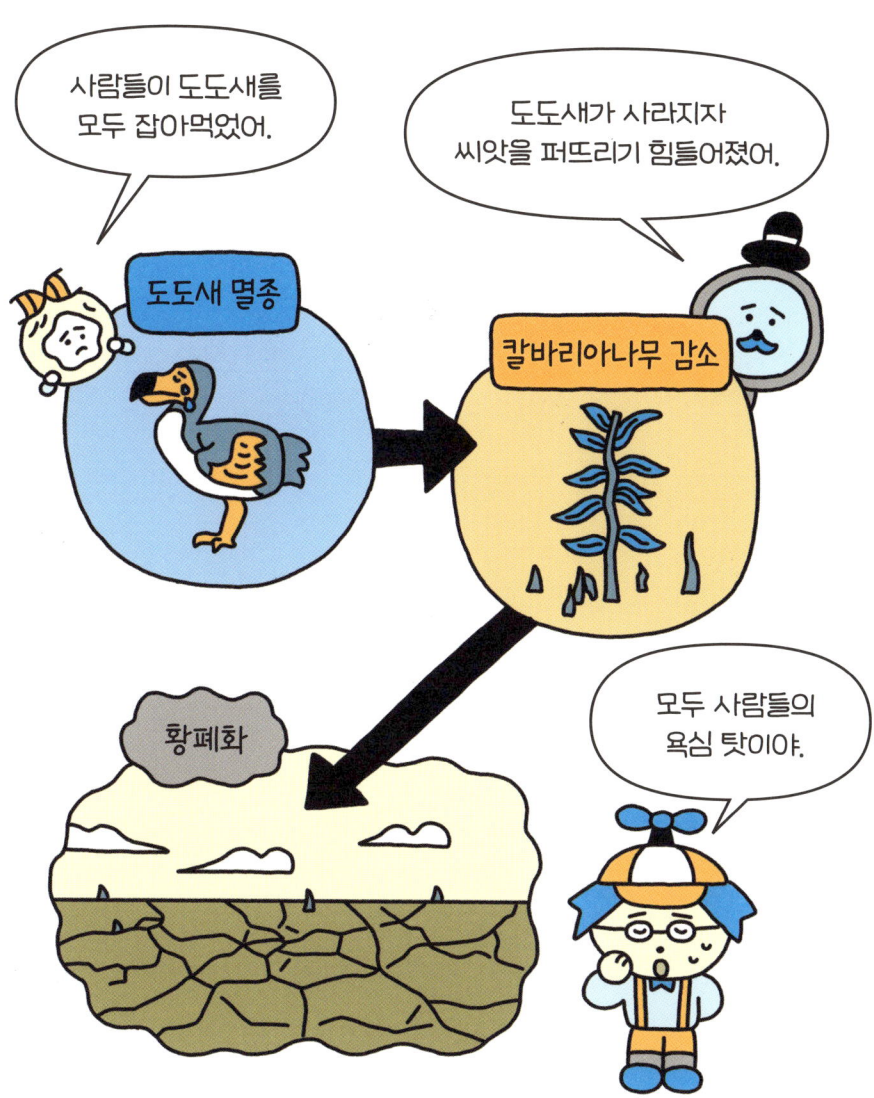

현재 지구 생태계에서 가장 큰 영향을 미치는 생물은 뭘까? 바로 인류야. 인류는 생물들의 서식지를 파괴하고 수많은 생물을 멸종시켰지. 그런가 하면 지구의 자원을 마구 낭비해서 지구의 생태 환경을 엄청나게 오염시키고 있어. 이로 인해 다양한 생물들이 어울려 살기 힘들어졌어. 이를 두고 전문가들은 생물 다양성이 위험에 처

했다고 말해.

 생명의 나무는 수많은 가지가 매우 복잡하게 얽혀 있어서 하나의 가지가 전체에 영향을 미칠 수도 있어. 그러니 우리는 지구에서 하나의 생물 종이라도 사라지지 않도록 노력해야 해. 그게 곧 생물 다양성을 지키는 길이고, 우리 인류를 위한 일이기도 해.

인류가 찾아낸 생물 진화의 비밀

옛날에는 생물이 어떻게 생겨났는지 알 방법이 없었어. 주변에서 볼 수 있는 생물이 전부라고 생각했지.

배를 타고 먼 곳으로 다닐 수 있게 되고, 현미경이 발명되면서 세상에 얼마나 다양한 생물이 있는지 깨닫게 되었어.

생물에 관심이 많던 린네는 생물을 특징에 따라 분류하고 '이명법'을 만들었어. 그 덕분에 과학자들은 본격적으로 연구에 나설 수 있었지.

라마르크는 환경에 적응하면서 얻은 생물의 특성이 대물림된다고 생각했어. 하지만 사실과 맞지 않아서 진화의 원리를 설명하기엔 부족했어.

그 뒤에 등장한 다윈은 환경에 적응한 생물이 살아남아 자손을 남긴 것이라는 진화론을 발표했어. 갈라파고스섬의 핀치 새 부리 모양이 다른 것을 연구한 결과였지.

진화론을 증명할 수 있는 실마리를 찾은 건 멘델이야. 완두를 관찰해서 유전의 원리를 발견하고, 유전 물질이 있을 것이라고 짐작했지.

쟨 또 완두콩만 보고 있네.

19세기에 과학자들은 유전 물질의 정체를 밝혀내기 위해 노력했고, 에이버리는 그 정체가 DNA임을 찾아냈어.

프랭클린이 DNA의 구조를 밝히기 위해 찍은 X선 사진을 바탕으로, 왓슨과 크릭은 DNA가 이중 나선 구조로 되어 있다는 것을 알아냈어.

이중 나선 구조의 DNA로 정보가 전달되는 과정에서 실수가 생기고, 그 과정이 되풀이되면 전혀 다른 모습의 후손이 태어나. 마침내 진화론이 과학적으로 증명되었어.

지금도 과학자들은 생물의 다양한 모습을 연구하며 진화론을 보완해 가고 있어.

하나에서 시작된 생물은 서로 크고 작은 영향을 주고받기 때문에 지금의 다양한 생물 종들이 사라지지 않도록 노력해야 해.

생물을 지키는 것은 곧 우리 인류를 지키는 일이고, 더 나아가 지구 전체를 지키는 일이기도 해.

궁금증 상담소

Q 다윈과 비슷한 생각을 한 사람도 있어?

A 다윈은 갈라파고스 제도를 다녀온 뒤 20년 동안 진화론을 발표하지 않았어. 그 사이 월리스에게 다윈이 연구한 진화론과 비슷한 의견이 담긴 편지를 받게 됐지. 결국 다윈은 월리스와 함께 진화론을 공동으로 발표했어.

Q 실러캔스처럼 처음과 모습이 거의 똑같은 생물이 더 있어?

A 약 5억 년 전 지구에 처음 등장한 것으로 알려진 앵무조개는 모습이 거의 달라지지 않았어. 생김새는 오래전 멸종한 암모나이트와 비슷해. 또 투구게도 약 4억 5천만 년 전부터 모습이 바뀌지 않은 채 지금까지 살아남았지.

Q 우리나라에도 다윈과 같은 학자가 있다고?

A 농학자인 우장춘은 1935년에 종은 달라도 같은 속의 식물을 교배하면 새로운 식물을 만들 수 있다는 것을 증명했어. 생물 종은 갈라지는 것뿐만 아니라 다시 합쳐질 수 있다는 걸 알아낸 거지. 이 발견은 다윈의 진화론을 보완한 훌륭한 업적이야.

Q 수컷이 암컷을 선택하는 생물은 없어?

A 성 선택은 알이나 새끼를 낳고 키우는 데 더 많은 에너지를 투자하는 쪽이 선택하기 때문에 대부분 암컷이 수컷을 선택해. 하지만 수컷이 알을 키우는 해마는 암컷이 화려함을 자랑하고 수컷이 선택을 해.

Q 침팬지가 인류의 조상이라던데, 정말일까?

A 침팬지는 인류의 가장 가까운 친척일 뿐 직접적인 조상은 아니야. 인류와 침팬지는 600만 년 전에 공통 조상에서 갈라져 나온 것으로 알려져 있어. DNA도 99.4퍼센트가 같을 정도로 비슷하지만 침팬지는 600만 년 동안 거의 진화하지 않았고, 인류는 엄청난 변화를 겪어서 지금에 이르게 된 거야.

Q 진화를 할수록 더 뛰어난 생물이 되는 거야?

A 생물의 진화는 단순한 쪽에서 복잡한 쪽으로 이루어지는 경향이 있지만, 그렇다고 더 나은 생물이 되는 건 아냐. 진화는 계단을 오르듯 단계적으로 나아가는 게 아니라 여러 갈래로 갈라지는 과정이기 때문이지. 생물은 더 뛰어나거나, 부족하다고 정의할 수 없어.

손바닥 교과 풀이

초등 3학년 1학기 사회

3. 교통과 통신 수단의 변화

● 교통수단의 발달과 달라진 생활
- 기술이 발전하면서 교통수단이 다양해졌고, 사람들의 생활 모습이 크게 달라졌다.
- 먼 곳까지 빠르고 편리하게 이동할 수 있게 됐다.

교통수단의 발달로 사람들이 멀리 이동할 수 있게 되면서 세상에는 아주 많은 생물들이 살고 있다는 것을 알게 됐어.

초등 6학년 2학기 사회

2. 통일 한국의 미래와 지구촌의 평화

● 지구촌의 환경 문제와 필요한 노력
- 필요에 따라 무분별한 개발이 이루어지며 열대 우림이 파괴되는 등의 환경 문제가 발생하고 있다.
- 미래 세대를 위해 환경 문제에 관심을 갖는 노력이 필요하다.

지구 환경이 오염되면 생물들이 살기 힘들어져. 다양한 생물들과 함께 인류가 잘 살아가려면 환경을 보호해야 해.

> 초등 4학년 1학기 과학

2. 지층과 화석

● 여러 가지 화석
- 옛날에 살았던 생물의 몸이나 흔적이 암석이나 지층 속에 남아 있다.
- 화석을 이용하면 과거 생물의 생김새를 추리할 수 있다.

땅속의 지층이 드러나면서 발견된 화석 덕분에 진화의 원리를 더 잘 이해할 수 있게 되었어.

> 초등 5학년 2학기 과학

2. 생물과 환경

● 환경에 적응된 생물
- 환경은 생물이 살아가는 데 직·간접적으로 영향을 끼치고 있다.
- 생물은 환경에 적응하기 위해 저마다 다양한 방식으로 진화해 왔다.

생물이 진화하는 건 환경 때문이야. 변화하는 환경에 맞춰 저마다 다양한 속도로 모습을 바꿔.

생각의 탄생_⑥ 진화와 유전

1판 1쇄 발행 | 2023년 11월 20일
1판 3쇄 발행 | 2025년 12월 12일

펴낸이 | 김영곤
프로젝트3팀 팀장 | 이장건 **책임개발** | 김혜지 **책임편집** | 이정화
영업팀 정지은 한충희 남정한 장철용 강경남 황성진 김도연 이민재
디자인 | 여백커뮤니케이션 **제작** | 이영민 권경민

펴낸곳 | ㈜북이십일 아울북
출판등록 | 2000년 5월 6일 제406-2003-061호
주소 | (10881) 경기도 파주시 회동길 201 (문발동)
대표전화 | 031-955-2100 **팩스** | 031-955-2177
홈페이지 www.book21.com

다양한 SNS 채널에서
아울북과 을파소의 더 많은 이야기를 만나세요.

 인스타그램 @owlbook21
 페이스북 @owlbook21

 유튜브 @아울북&을파소

ISBN | 979-11-7117-165-1
ISBN | 978-89-509-4065-2 (세트)

ⓒ이은희 · 나인완, 2023
이 책을 무단 복사·복제·전재하는 것은 저작권법에 저촉됩니다.

• 잘못 만들어진 책은 구입하신 서점에서 교환해 드립니다.
• 가격은 책 뒤표지에 있습니다.

⚠ 주의 1. 책 모서리가 날카로워 다칠 수 있으니 사람을 향해 던지거나 떨어뜨리지 마십시오.
　　　　2. 보관 시 직사광선이나 습기 찬 곳을 피해 주십시오.

• 제조자명 : ㈜북이십일
• 주소 및 전화번호 : 경기도 파주시 회동길 201(문발동)/031-955-2100
• 제조연월 : 2025.12.
• 제조국명 : 대한민국
• 사용연령 : 3세 이상 어린이 제품

• 일러두기 맞춤법과 띄어쓰기는 《표준국어대사전》을 기준으로 삼았고, 외국의 인명, 지명 등은
　　　　　 국립국어원의 '외래어 표기법'을 따랐습니다.

세상에 없던, 세상을 변화시킨 인류의 생각과
문명 탄생의 순간들을 찾아 떠나는 지식 여행!

생각의 탄생

- 한국어린이출판협의회 **어린이 필독 도서**
- 학교도서관저널 **추천 도서**
- 한국출판문화진흥재단 **올해의 청소년 교양 추천 도서**

❶ 감염병과 백신 ❷ 시간과 시계 ❸ 화폐와 경제
❹ 지도와 탐험 ❺ 문자와 생활 ❻ 진화와 유전
❼ 인공 지능과 미래 ❽ 스포츠와 올림픽
❾ 에너지와 환경 ❿ 통신과 스마트폰

★ 시리즈는 계속됩니다. ★

대한민국 최고의 교수진들이 들려주는
단 한 번의 특별한 교양 수업

서울대 교수와 함께하는 10대를 위한 교양 수업

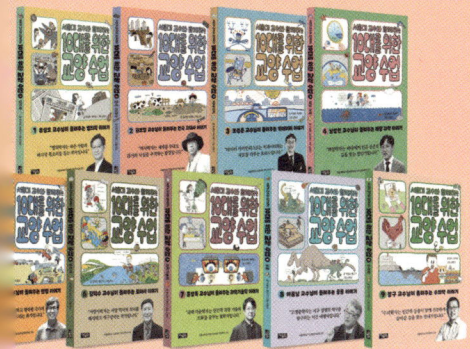

❶ 법의학 이야기 ❷ 한국 고대사 이야기
❸ 빅데이터 이야기 ❹ 해양 과학 이야기
❺ 헌법 이야기 ❻ 로마사 이야기
❼ 과학기술학 이야기 ❽ 고생물학 ❾ 수의학

★ 시리즈는 계속됩니다. ★